www.tredition.de

Wer ist Stefan Groll?

Stefan Groll, der Mut Macher, der verrückte Freigeist von "UnternehmenMut", MutBotschafter und Unternehmer hat es sich zur Aufgabe gemacht, junge Menschen, junge Unternehmer, Menschen in Krisensituationen, mutlose Menschen zu inspirieren und sie in ihrer Wirkung nach innen und außen zu (be)stärken. Seit über 12 Jahren beschäftigte sich Stefan Groll mit Menschen und deren Entwicklung. Er hat vielen Menschen helfen können, zu sich selbst zu finden und den eigenen Mut zu aktivieren.

Seine Intention war es immer, Menschen zu ermutigen, noch mutiger zu werden, um auch mit ihrer eigenen wahren Identität leben zu können. Durch seine ruhige, klare, ehrliche, angenehme und einfühlsame Art mit Menschen umzugehen, schafft Stefan oft in Kürze eine vertrauensvolle Atmosphäre. Seine mehr als 12-jährige Erfahrung erlaubt es ihm, den Menschen, vor allem den jungen und mutlosen zu zeigen, wie sie den Mut in sich aktivieren können.

www.tredition.de

© 2020 Stefan Groll
Umschlag, Illustration: Kim Weber
Lektorat, Korrektorat: Edith Werdecker

Verlag & Druck: tredition GmbH, Halenreie 40-44, 22359 Hamburg

ISBN
Paperback   978-3-7497-3741-3 (Paperback)
Hardcover   978-3-7497-3742-0 (Hardcover)
e-Book   978-3-7497-3743-7 (e-Book)

Stefan Groll

Mut und Verantwortung

7 Impulse für ein wahrhaftigeres Leben

Inhaltsverzeichnis

Mit Mut fängt

alles an!

Einführung

Wissen Sie?

Es gibt Zeiten, da ist es wichtig zurückzuschauen, um für etwas Verantwortung zu übernehmen. Ich weiß auch, dass Verantwortung ein sehr schweres Wort ist und wie eine Last auf Sie wirkt. Deswegen schreibe ich dieses Buch, nicht weil ich Ihnen die Last nehmen kann oder ich Sie weiterhin damit beschweren mag, sondern weil ich Ihnen dadurch die Möglichkeit gebe, sich selbst von dieser Last zu befreien. Dazu müssen Sie dennoch erst einmal erfahren, welche Last durch die Verantwortung, die nicht Ihre ist, auf Ihren Schultern lastet. Ich lade Sie dazu ein, Ihre Verantwortungsbereiche aus der Vergangenheit genauestens zu überprüfen. Und ich meine mit Vergangenheit nicht nur die mehrere Jahre zurückliegenden Situationen, sondern auch die Situationen, die gerade vor ein paar Sekunden, Minuten, Stunden Tagen und Wochen entstanden sind. Mein Anliegen ist es, Sie auf ihre zukünftigen Zuständigkeiten aufmerksam zu machen und die Verantwortung, die entweder noch bei Ihnen liegt oder die sie fälschlicherweise abgegeben hatten, wieder zu übernehmen. Damit erreichen Sie, dass Sie nicht mehr in dieser Schwere leben müssen, Sie nicht mehr verantwortlich sind, weil Sie es ja für sich anerkannt und dem Zuständigen sowie sich selbst überlassen haben. Sie haben quasi die Verantwortung über die Verantwortungen übernommen und somit haben Sie keine Verantwortung mehr.

Lesen Sie auf den nächsten Seiten, was ich mit Verantwortung und Eigenverantwortung meine und was es bedeutet, keine Verantwortung mehr TRAGEN zu müssen. Sie werden dann selbst erfahren, was alles danach passieren kann und welche Auswirkungen auf welche Bereiche es noch hat.

Es könnte jetzt sein, dass Sie Widerstand wahrnehmen und sich sagen, dass Sie ja immer Verantwortung übernehmen müssen und mussten - und, dass Sie nicht darum herumkommen?!

Ja, in gewisser Weise stimme ich Ihnen zu. Dennoch werden Sie im Laufe des Buches erkennen, was der Unterschied zwischen Zuständigkeit, Verantwortung und Verantwortung verantwortlich übernehmen ist.

Wenn Sie sich darauf einlassen können, verspreche ich Ihnen, dass Sie Leichtigkeit verspüren und verstehen werden, was ich meine. Falls es nicht gleich zu Anfang für Sie greifbar ist, lesen Sie die einzelnen Passagen einfach nochmal durch, oder üben Sie sich auch durch dieses Buch in Geduld.

Darüber hinaus gebe ich Ihnen 7 Impulse an die Hand und führe Sie durch die Entmachtung einiger Anteile, die Wahrhaftigkeit und letztlich zur eigenen Kraft. All dies ist notwendig, um nach diesem Buch ein mutigeres, verantwortungsbewussteres und lebendigeres Leben führen zu können. Ich benötige hier Ihre Zustimmung, und zwar nicht nur mir gegenüber, sondern besonders Ihnen gegenüber, dass Sie einverstanden sind, durch all diese Prozesse zu gehen. Es ist von absoluter Wichtigkeit, dass Sie sich darauf einlassen können. Denn es geht um Sie, - es geht um ihr Pflichtbewusstsein und um ihr Leben.

Nur durch Ihre Bereitschaft können Sie etwas verändern – und Sie wollen ja etwas verändern.

Nicht wahr?

Bereit?

Ok!

Dann beginnen wir gemeinsam mit dem ersten Teil dieses Buches. Er ist die Basis, damit Sie und ich die gleiche Ausgangslage haben.

Herzlich will-kommen

in der Welt des Mutes

Die Basis

Wie geht es Ihnen?

Wie fühlen Sie sich derzeit und wo drückt Sie der Schuh?

Vor allem in Bezug auf Verantwortung, Eigenverantwortung und ein mutigeres und lebendigeres Leben?

Was durchleben Sie gerade und WARUM ist dieses Buch gerade jetzt in Ihren Händen?

Stellen Sie sich diese Frage ganz bewusst.

All diese Fragen und Anschauungen sind Basis dafür, um durch dieses Buch zu gelangen, es zu verstehen und ein mutigeres, lebendigeres Leben zu führen. Dies kann dennoch nur geschehen, wenn Sie bereit sind, etwas aus einem völlig anderen Blickwinkel zu betrachten. Keine Angst, ich begleite Sie bis zur letzten Seite, und wenn Sie wollen auch darüber hinaus. Aber zuerst ist es wichtig, ja zu sagen zu diesem Buch - und sich zu öffnen für das, was kommt.

Spüren Sie die Bereitschaft in sich?

Es bedeutet, sich voll und ganz diesem Buch hinzugeben. Danach werden Sie sehen, was passiert.

Ich kann ihnen auch nichts versprechen. Das wäre zu vermessen, weil einiges oder sogar das meiste an Ihnen selbst liegt. Nur durch Ihr Mitwirken ist es möglich, dass dieses Buch für Sie ein Geschenk ist und damit ich Ihnen die 7 Impulse so vermitteln kann, dass Sie sie auch umsetzen bzw. für sich gewinnen können. Außerdem fängt es dann an, in Ihnen zu wirken, weil Sie Ihnen Raum gegeben haben.

Räume und Atmosphäre schaffen

Als Basis verstehe ich auch, sich eine Atmosphäre zu schaffen, in der Sie ganz Sie selbst sein können, und vor allem sich einen Raum zu schaffen, in dem eine unendliche Entfaltung möglich ist.

Sie sehen, dieses Buch wird Ihnen nicht nur etwas über Verantwortung, Mut und Persönlichkeitsentwicklung erzählen, sondern Ihnen auch mitteilen können, wie Sie sich Räume (er)schaffen, die sich in ihnen entfalten können, damit Sie offen für alles in ihrem Leben sein können. Und das auch über dieses Buch hinaus.

Nichts wird Sie stören können, da Sie genau im Hier und Jetzt sind und sich für eine Veränderung in Ihrem Leben entschieden haben. Und nicht nur für eine Veränderung, sondern für ein lebendigeres und mutigeres Leben. Denn dies ist essenziell für alles, was auf Sie zukommen wird.

Es ist nicht die alleinige Wahrheit

Ein weiterer Hinweis von mir ist, dieses Buch als Neutrum zu sehen und es, so gut es geht, in Ihr eigenes Wahrheitsbild zu implementieren. Was so viel bedeutet wie: Bücher, also auch dieses, nicht als die alleinige Wahrheit zu sehen, sondern vielmehr als ein weiteres Werkzeug, welches Sie auf einem Ihrer Wege begleitet. Dadurch besitzen Sie die Fähigkeit, sich noch mehr zu öffnen, um noch klarer alles aufnehmen zu können, was Sie lesen werden, weil es ein weiterer Teil Ihrer Wahrheit sein wird. Und wenn es nur Facetten aus diesem Buch sind, sie werden Ihnen nützen, weil Sie dadurch in der Lage sind, selbst zu entscheiden, was Sie mitnehmen wollen und was nicht. Das ist ein Teil Ihrer Ver-Antwort-ung

Warum ich das erwähne?

Ganz einfach, weil es viele Bücher gibt, die dogmatisch aufgebaut sind und somit vermitteln, dass ihr Inhalt die einzige Wahrheit ist und nichts daneben existieren darf. Bedenken Sie, es leben Milliarden von Menschen auf diesem Planeten, und jeder Mensch ist anders und einzigartig, - und das nicht nur in biologischer Hinsicht, sondern eben auch in seinem Denken. Und der Mensch in der heutigen Zeit lernt viel durch seine Spiegelneuronen, durch Annahme, durch Lernen, durch eigenständiges Denken und durch das Implementieren neuer Wahrheiten in seinem eigenen System.

Sie sehen, Vorbereitung ist alles. Sie sorgt für Sicherheit, Entspannung und Klarheit. Und jetzt können wir entspannt in Kapitel 1 springen und mit dem Thema (Eigen-) Verantwortung starten.

Bereit?

Raum steht?

Atmosphäre geschaffen?

Tee geholt?

Ruhige Musik angemacht?

Dann kann es losgehen und ich lade Sie ein, mich ab jetzt noch viel intensiver zu begleiten.

Es geht los!

Die Basis ist das Fundament für alles, was darauf entsteht. Wenn wir sie zuvor nicht füttern, fängt es früher oder später zu bröckeln an.

Kapitel 1

Warum (Eigen-) Verantwortung?

Ich komme aus einer Vergangenheit, in der Verantwortung nicht großgeschrieben, bzw. anders interpretiert wurde. Ich lernte, für alles gerade zu stehen, für einiges aus Angst, Verantwortung für das Geschehene zu übernehmen. Es wurde im Laufe des Lebens zur Last. Mein Bruder ist ein Jahr jünger und als kleines Kind nahm ich ihn oft in Schutz. Hier übernahm ich oft die Schuld, eine Schuld, die nicht meine wahr. Ich nahm oft Taten und das flegelhafte Verhalten auf mich. Auch wenn wir gemeinsam etwas anstellten, es war in den meisten Fällen irrtümlicher Weise meine Idee und dafür wurde ich bestraft. Natürlich war mein Bruder nicht immer der böse Junge, sondern, vielmehr nahm ich ihn in Schutz, auch wenn es nur banale Dinge und Situationen gewesen waren. Wir selbst verstanden uns prima und meine Bruderliebe ging über alles hinaus.

All das hatte dennoch im Verlauf meines Lebens gravierende Folgen. Ich wehrte mich gegen Verantwortung und deren Übernahme.

Daher stelle ich ganz provokant die These auf, dass Sie nicht immer eigenverantwortlich gehandelt haben und es tatsächlich oft genug (un)bewusst nicht taten. Wie oft gaben Sie die Verantwortung ab, weil Sie sich auf den Schlips getreten fühlten, weil Sie sich nicht selbst mit sich und Ihren Fehlern beschäftigen wollten? Eventuell sind es sogar gleichzeitig Fragen, die ich Ihnen stelle, damit Sie ein Gefühl für Eigenverantwortung und Eigenreflexion bekommen. Wahrscheinlich denken Sie sich, was passiert da gerade mit mir, was schreibt er da? Kann sein, dass ich Sie hier ertappt habe oder dazu beitrage, dass Sie sich selbst dabei ertappen, wie Sie herausfinden, Eigenverantwortung bisher nicht wirklich ernstgenommen zu haben. Sollten Sie sich dabei ertappt haben, dann ist das die beste Basis, um weiterzulesen. Es kann nur Leichtigkeit in Ihnen entstehen, wenn Sie Schwere loslassen.

Was wäre, wenn Sie es einfach mal so hinnehmen und annehmen und sich der Verantwortung stellen? Was wäre, wenn ich mit all dem oben Beschriebenen richtig oder nicht richtig liege? Was würde sich in Ihrem Leben verändern oder nicht verändern? Was würden Sie ab jetzt tun oder nicht tun, wenn Sie ab sofort die volle Verantwortung übernehmen oder nicht übernehmen würden? Haben Sie den Mut dazu oder ziehen Sie sich lieber zurück, um weiterzumachen wie bisher?

Was ich Ihnen damit sagen will ist, dass Sie dadurch, dass Sie ein wunderbarer und mutiger Mensch sind, es verdient haben, Ihr Ding so durchzuziehen, wie Sie es für richtig halten. Und dazu zählt nun mal Eigenverantwortung – und zwar in vollen Zügen. Sie sollten sich sogar in der Pflicht sehen, alte Verantwortungsbereiche von sich zu weisen, nachdem Sie hingesehen haben. Warum? Das werden Sie im Laufe des Buches erfahren. Es schmerzt, genau hinzusehen, jedoch kann sich das Ergebnis sehen lassen.

Eigenverantwortung hat etwas mit Wahrhaftigkeit zu tun, und sie wird dafür sorgen, dass Sie sich entfalten können. Sie ist ein Wert, den Sie in Ihrem Leben, in Ihrem Dasein sehr ernst nehmen sollten, denn nur damit besteht die Möglichkeit, nachfolgende Kapitel zu verstehen und auch im Leben umzusetzen.

Dazu aber mehr in Kapitel 6.

Bleiben Sie dabei. Ich freu mich weiter auf Sie.

Haben Sie den MUT, den nächsten Schritt zu gehen, es wird sich lohnen!

So, liebe LeserInnen, ich freue mich sehr, dass Sie den Mut haben weiterzulesen und sich bereit erklärt haben, dabei zu bleiben. Es zeigt, dass Ihnen das Thema (Eigen-) Verantwortung und wahrhaftes Leben sehr wichtig ist, und Sie tatsächlich bisher eine gewisse Schwere in Ihrem Leben hatten bzw. jetzt gerade beim Lesen verspürt haben. Vielleicht wollen Sie auch einfach erfahren, wie Sie diese neue Sichtweise in Ihr Leben integrieren können, damit nicht erst neue Missverständnisse auftauchen. Vielleicht war Ihnen das Thema bisher auch nicht wirklich bewusst. Sie selbst wissen das am besten.

Was bedeutet es nun für Sie, in diesem Moment, sich mit diesem Thema auseinderzusetzen und ab jetzt eigenverantwortlich zu handeln?

Wie erklären Sie sich, dass Sie oft nicht verantwortlich denken und handeln?

Nun, ich will Sie nicht weiter auf die Folter spannen und Sie mit Fragen überhäufen. Was ich mir allerdings wünsche ist, dass Sie erkennen, dass Sie heute noch viel mehr Verantwortung für sich und ihre Umwelt übernehmen müssen. In einer schnelllebigen, überaus digitalisierten, starren Struktur und Ordnung liegt es an Ihnen, wie Sie mit allem umgehen. Das kann nicht der Nachbar für Sie tun oder Ihr Kollege. Es sollte ihr Bestreben sein, gerade jetzt dafür zu sorgen, den Überblick entweder wieder zu gewinnen oder zu behalten, damit Sie sich nicht zu weit von sich selbst entfernen. Denn dann haben Sie verloren, vorerst zu mindestens, und dann wird es Ihnen sehr schwerfallen, wieder aus diesem Nebel herauszukommen. Wir alle wollen ja vermeiden, Burnout oder andere Krankheiten zu erleiden. Nicht wahr?

Nun möchte ich Ihnen ein paar Beispiele und Möglichkeiten aus der Praxis dafür aufzeigen, was es bedeutet, keine Verantwortung zu tragen.

In meinem Leben wurde mir in den letzten Jahren oft der Spiegel vorgesetzt, um mir zu zeigen, wie verantwortungslos ich bin, und dass meine Rechnung nicht aufgehen kann, wenn ich so weiter mache.

Zum Beispiel: Verantwortung im finanziellen Bereich, in der Beziehung zum Partner oder zu mir selbst. Sei es mit dem eigenen Körper umzugehen, mit der Gesundheit, seinen Gefühlen oder seinen Gedanken.

In all diesen Bereichen lernte ich und das heute noch, Verantwortung dafür zu übernehmen wofür es notwendig ist.

Wie wirkt sich das auf Ihr Umfeld, auf Ihre Mitmenschen und Kollegen, auf Ihre Familie aus? Haben Sie schon einmal herausgefunden, was Menschen über Sie denken, wenn sie erkennen, dass Sie nicht eigenverantwortlich handeln? Haben Sie auch schon herausgefunden, was Menschen in Ihrem Umfeld über Sie denken, wenn Sie Verantwortung abgeben, die eigentlich Ihre ist? Das hier soll ein kleines Denkexperiment sein und Sie dazu anregen, darüber nachzudenken, was es bedeuten könnte, wenn Sie ständig oder ab und zu Verantwortung unverantwortlich abgeben oder annehmen. Ich lade Sie dazu ein, allen MUT zusammenzufassen und wirklich darüber nachzusinnieren, welche Erfahrungen Sie da bereits gesammelt haben. Viel schlimmer ist es meiner Erfahrung nach, was es mit Ihnen macht, wenn Sie ständig oder ab und zu unverantwortlich Verantwortung abgeben oder übernehmen. Können Sie, wenn Sie kurz innehalten, nachvollziehen, welche Mechanismen, ohne es wissenschaftlich zu betreiben angeregt werden - und was Sie damit auslösen? Ich wünsche mir an dieser Stelle, dass Sie sich einmal - ganz hypothetisch betrachtet - die Frage stellen, wie es denn Ihnen ergehen würde, wenn man Ihnen ständig oder ab und zu unverantwortlich Verantwortung übertragen würde. Noch etwas möchte ich hinzufügen und Ihnen nahelegen, darüber nachzudenken.

Wenn Sie weiterblättern, erfahren Sie, was ich damit meine.

*WIE WÜR-
DEN SIE SICH
FÜHLEN,
WENN IHNEN
UNVERANT-
WORTLICH
VERANTWOR-
TUNG ZUGE-
TRAGEN WUR-
DE?*

Kapitel 2

Entmachtung. Kennen Sie das Gefühl der Entmachtung?

Wenn Sie des Öfteren unverantwortlich Verantwortung abgeben und annehmen, dann entmachten Sie sich selbst. Ist Ihnen das bewusst?

Lassen Sie den Satz bitte kurz wirken und atmen.

„Wenn Ich des Öfteren unverantwortlich Verantwortung abgebe und annehme, dann entmachte ich mich selbst."

Na, was kam hoch? Was haben Sie gespürt oder gedacht?

Nehmen Sie es mit und schauen, was weiter passiert.

Was bedeutet der Satz, und wie bekommen Sie Ihre Macht wieder zurück?

Ich will es ihnen erläutern. Sie stellen sich selbst ein Bein und entmachten auch gleichzeitig denjenigen, dem Sie unverantwortlich die Verantwortung übertragen haben. Warum? fragen Sie sich jetzt, ganz einfach, weil der- oder diejenige jetzt nicht mehr in der Lage ist, mit seiner eigenen Verantwortung zu arbeiten, weil er oder sie ja mit Ihrer unverantwortlichen Verantwortung beschäftigt ist. Er oder sie wird daran gehindert, mit seinem eigenen Potential zu arbeiten. Und solange Ihnen niemand diese unverantwortliche Verantwortung vor die Füße schmeißt, werden Sie immer so weitermachen, Ihrer Entmachtung weiterhin Futter geben sich und somit Ihr eigenes (Business-) Grab schaufeln oder immer unbeliebter werden. Also von Erfolg keine Spur, egal wie Sie Erfolg für sich definieren, Sie werden nicht in der Lage sein, erhobenen Hauptes Menschen zu führen, zu lieben, sich zu lieben, respektvoll mit anderen umzugehen, Verantwortung zu übernehmen, oder Aufgaben zielgerecht zu erfüllen. Und Sie werden es immer mit der Angst zu tun haben, denn delegieren sieht anders aus und Nächstenliebe auch. Was kommt noch hinzu?

Sie. Es geht ja auch um Sie, um Ihre Energie, um Ihre Gedanken und um Ihre Schwere. Sobald Sie Verantwortung unverantwortlich abgegeben haben, entsteht eine Schwere in ihnen und beim Gegenüber. Das kann zum Teil erstmal unbewusst geschehen, ändert jedoch nichts an der Tatsache, dass Sie diese Schwere in sich tragen, weil Sie gegenüber jemand anderem unverantwortlich gehandelt haben. Es ist Folgendes passiert: Dadurch, dass es eine Thematik gab, die etwas zurückliegt, erst vor kurzem entstanden ist oder das Thema Verantwortung falsch interpretiert wurde, haben Sie Ihr Problem, Ihre Aufgabe, Ihre Last auf einen anderen übertragen. Wir stellen also fest, dass die Aufgabe darin besteht, den Verantwortungsbereich, die Aufgabe, das Problem oder die Zuständigkeit wieder an sich zu ziehen, um Ihr Gegenüber wieder davon zu befreien. Das kann ein Familienmitglied oder ein Mitarbeiter sein, ganz egal in welcher Situation, dieser Mechanismus greift überall dort, wo Menschen miteinander zu tun haben. Sie tun sich damit einen großen Gefallen, und Ihrem Gegenüber sowieso.

Ok, langsam. Aufgaben, Probleme wieder zurückholen, wenn es nicht stimmig ist, sie zu übertragen.

Ein Beispiel: Wenn Sie als Führungskraft selbst etwas durchgeführt haben, es Ihnen misslungen ist, und Sie sich dennoch nicht verantwortlich fühlen, und es dann übertragen, wird es schwer – und zwar auf beiden Seiten.

Anderes Beispiel: Sie haben in der Vergangenheit nicht auf sich Acht gegeben und hatten in einigen Bereichen, sei es mit Geld, in der Familie oder im Umgang mit sich selbst, nicht pflichtbewusst gehandelt und sich somit energetisch be-schwert. Das haben Sie all die Jahre mitgenommen, und plötzlich kommt der Moment, wo ihnen jemand etwas aufzeigt, etwas triggert und Sie diese Verantwortung, welche ja Ihre wäre, direkt übertragen. Bedeutet, Sie wollen nicht die Verantwortung für das, was Sie erlebten und erfahren haben übernehmen, sondern machen Ihren Partner, Ihren Chef, oder wen auch immer dafür verantwortlich, dass Sie am Monatsende kein oder nur wenig Geld zur Verfügung haben, oder dass Sie nicht die Leistung bringen, die Sie bringen könnten, usw.

Nachvollziehbar?

Noch ein Beispiel: Angenommen, Sie haben einen Azubi und geben ihm die Verantwortung, zwei anderen Azubis etwas zu zeigen und auf sie zu achten. In der Zeit könnten Sie etwas anderes machen. Das Ganze ist zeitlich begrenzt, da das Projekt fertig werden muss. Nun geht das Ganze schief, die Zeit kann nicht eingehalten werden und es hat sich einer der Azubis verletzt. Wohlgemerkt bei einer Tätigkeit, bei der eine erfahrene Aufsicht erforderlich gewesen wäre.

Jetzt geht es, wie so oft in unserer Welt, erstmal um die Schuldfrage. Und Schuld hat in dieser Welt bisher automatisch der gehabt, der die Verantwortung übertragen bekommen hat. Unabhängig davon ob er verantwortlich oder nicht verantwortlich war.

Was war passiert?

Von Anfang an hatte sich der Druck beim Azubi aufgebaut. Druck und automatisch Schuldgefühle, auch wenn sie erstmal nicht so spürbar sind oder sein könnten. Kommen meistens erst danach oder bei der Schuldzuweisung. Jetzt ist ein Azubi noch keine Jahrzehnte in seiner Tätigkeit involviert und routiniert und kann höchstwahrscheinlich je nach Aufgabenstellung und Zuständigkeit noch nicht so gut mit solch einem Druck umgehen wie der Chef, der Meister oder ein altgedienter Mitarbeiter. Dennoch hat der Azubi von Anfang an diese Schuldzuweisung bekommen. Oft ist sich keine der beiden Seiten dessen bewusst. Keine der beiden Seiten ist sich bewusst, was passieren könnte.

Ich will dazu anmerken, dass der Chef, Meister oder Mitarbeiter in diesem Fall der Zuständige für die Azubis war. Er hat dennoch unverantwortlich Verantwortung übertragen und dadurch beide Seiten belastet.

Warum?

Verantwortung hat eine sehr kraftvolle Wirkung in beide Richtungen, das ist der Nachoder Vorteil.

Azubis dürfen in vielen Fällen nicht ohne Aufsicht gefährliche Arbeiten ausführen, sie dürfen oft auch gar nicht ohne Aufsicht sein. Was wiederum bedeutet, der Mitarbeiter, so nenne ich ihn jetzt mal, hätte das Ganze beaufsichtigen müssen, um dem Azubi die Sicherheit zu geben. Denn verantwortlich kann nur der gemacht werden, der sich seiner Aufgabe, seiner Intention, seiner Tätigkeit bewusst ist, der jederzeit Herr über die Situation ist, nur nicht ein Azubi.

Mir geht es hier weniger um den inhaltlichen Aspekt, ob das jetzt Ihrer Erfahrung nach passt oder nicht, viel wichtiger ist mir bei diesem Beispiel, Ihnen mitzuteilen, welche Auswirkungen es haben kann, wenn Sie unverantwortlich handeln. Der Mitarbeiter hat dies getan und das Ganze dem Azubi überlassen, ohne sich über die Konsequenzen im Klaren zu sein.

Wissen Sie, worauf es ankommt?

Es kommt auf die Möglichkeit des Handelns an, auf das Fingerspitzengefühl für Verantwortung und Zuständigkeit. Der Mitarbeiter hätte auch mitteilen können, dass der Azubi jetzt zuständig ist für dies und jenes, und für zwei andere. Das wäre eine völlig andere Energie gewesen, der Druck hätte sich nicht aufgebaut und das Projekt hätte im zeitlichen Rahmen fertig sein können. Womöglich wäre auch der kleine Unfall nicht passiert.

Hinterfragen Sie eigene Situationen in ihrer Familie oder im Unternehmen und Schauen Sie, wie Sie es bisher gehandhabt haben.

Werden Sie Herr/Frau jeder Situation, mit der Sie unmittelbar konfrontiert wer-den.

Kapitel 3

Was können Sie jetzt tun, um in Zukunft in Ihrem Zuständigkeitsbereich eigenverantwortlich zu handeln?

Wie können Sie sich darauf vorbereiten und fokussieren? Was müssen Sie täglich tun und wie? Ich möchte es Ihnen aus meiner Sicht und Erfahrung aus vielen Coachings und Gesprächen erläutern, und eventuell sind meine Gedanken Ideen für Sie, die Sie direkt umsetzen können. Lassen Sie uns nach und nach der Sache auf den Grund gehen. Es lohnt sich. Auf die Frage, was Sie jetzt und in Zukunft tun können, kann ich Ihnen mit folgenden Antworten entgegenkommen: Fangen Sie damit an, für alle, wirklich *alle* Dinge die Verantwortung zu übernehmen, die nur mit Ihnen etwas zu tun haben. Ich rede jetzt erstmal nur von Ihnen allein, ohne irgendwelche Teamstrukturen, Gruppendynamiken, Chef- und Arbeitnehmerverhältnisse (Hierarchiedenken) und Unternehmensstrukturen. Hier gibt es ein paar Unterscheidungen. Grundsätzlich fahren Sie dennoch überall und in jeder Situation recht gut, wenn Sie die Verantwortung für Ihr Denken und Handeln verantwortlich übernehmen. Das bedeutet nicht, dass Sie ab jetzt für alles geradestehen müssen und ab sofort immer der Schuldige sind. Es bedeutet viel mehr, dass Sie ein Gefühl dafür bekommen müssen zu erkennen, welcher Verantwortungsbereich nur etwas mit Ihnen zu tun hat - und somit nicht übertragbar sein kann. Es ist wichtig, ab jetzt mit der Verantwortung verantwortlich umzugehen. Natürlich gehören da auch Mut dazu und der Wille vorher festzustellen, ob es Ihr Zuständigkeitsbereich ist und ob er übertragbar ist. Hier gilt: Wenn Sie zuständig waren, sind Sie auch verantwortlich.

Oder anders formuliert:

Wenn Sie zuständig waren, überprüfen Sie ganz genau, ob Sie mit der verantwortlichen Verantwortung arbeiten oder nicht. Also, ob Sie wirklich Verantwortung dafür tragen müssen bzw. sollten. Wichtig ist in den meisten Fällen, genau zu überprüfen, ob da eine Schwere in Ihnen entsteht oder ob es sich leicht und richtig anfühlt.

Stellen Sie auch sicher, ob es denn immer um Verantwortung und somit um die Schuldfrage gehen muss?

Meiner Erfahrung nach muss es nicht immer um genau diese Frage gehen, nur falls Sie Verantwortung abgeben wollen, und das unverantwortlich.

So, wie können Sie sich nun darauf vorbereiten, fokussieren ... - und was müssen Sie verändern?

Seien Sie Mensch und führen obiges einfach durch. Stellen Sie sich Fragen wie: Kann ich das selbst? Ist das jetzt verantwortliche oder unverantwortliche Verantwortung? Inwieweit hindere ich mein Gegenüber, indem ich ihm die unverantwortliche Verantwortung gebe? Was verändert sich, wenn ich es selbst mache? Was kann anderes entstehen, wenn ich es selbst mache? Warum will ich gerade diese Zuständigkeit und den Verantwortungsbereich unbedingt abgeben? Was will ich nicht sehen, wahrhaben, erfahren oder erleben?

Es ist wichtig, dass Sie reflektierend an die Sache herangehen und gewillt sind herauszufinden, was jetzt wichtig ist und wie Sie das verantwortlich umsetzen können. Nun, das soll mal als weiterführender Gedanke eine Idee sein, damit Sie ein Gefühl für weise Verantwortung bekommen.

Wie können Sie das nun jeden Tag umsetzen und üben? Ja, Sie müssen üben, allerdings ist es auch eine Lebenseinstellung, eine Grundhaltung, - und die müssen Sie *wollen*. Hier ist es wichtig, sich bewusst für Verantwortung zu entscheiden. Es besteht durchaus die Gefahr, dass das Ganze aus dem Ruder läuft und Sie wieder ins alte Muster geraten, und dann kommt der Punkt, wo Sie sich zurückholen und sich Klarheit verschaffen sollten. Mut ist hier gar nicht so unwesentlich, weil es oft einfacher erscheint, alles abzugeben. Wenn Sie mutig und bereit sind, mit der Verantwortung verantwortlich umzugehen, dann funktioniert es auch mit Ihren Umsetzungen, mit der Mitarbeiterführung und mit der Führung Ihres eigenen Seins.

Werden Sie sich bewusst, was Sie tun und wie Sie es tun.

Finden Sie heraus, ob Sie nur Verantwortung abschieben wollen oder ob es wirklich nicht Ihr Bereich ist.

Passen Sie auf, wie andere in Ihrem Umfeld reagieren und mit Ihrer Wahl umgehen.

Verantwortung
übernehmen und
das verantwort-
lich, ist eine Ent-
scheidung oder
eine Wahl

Achten Sie
jeden Tag
darauf und
seien Sie achtsam.
„Verantwortung
motiviert."

Kapitel 4

Was bedeutet mutig Verantwortung übernehmen noch?

Es bedeutet, Verantwortung für seine Umwelt zu übernehmen, nicht wegzuschauen, sondern ein Teil des Ganzen zu sein. Was meine ich damit? Ich meine damit, dass Sie anfangen die Perspektive so einzunehmen, dass Sie sich als ein Teil des Ganzen sehen. Beispiele: werfen Sie keinen Müll in die Natur. Sorgen Sie dafür, dass es Ihren Mitmenschen in Ihrer Anwesenheit gut geht. Schränken Sie Ihren übertriebenen Konsum ein, ohne verzichten zu müssen. Denken Sie an die Tiere dieser Welt. Wo können Sie einen Beitrag für die Tiere sein? Wie können Sie ein positiver Beitrag für die Natur sein? Wie können Sie ökologisch handeln und Ihr Unternehmen führen und aufbauen? Wo beuten Sie als einzelner Mensch oder als Unternehmer die Natur und Ihre Mitmenschen aus? Denken Sie immer daran, dass Sie ein Glied in einer Kette sind. Sobald Sie aus der Reihe tanzen, geht das ganze System nicht auf. Wenn Sie Müll in die Natur schmeißen, sorgen Sie dafür, dass die Natur ins Ungleichgewicht kommt und auch noch verseucht wird. Das lässt erkennen, dass Sie auch unter Menschen anteilig rücksichtslos sein können und oft auch sind, wenn auch unbewusst. Ich möchte Ihnen durch mein Buch einen etwas ganzheitlicheren Blick auf das Thema Verantwortung geben. Ich wünsche mir, dass Sie die eine oder andere Einladung annehmen, sich der Herausforderung und der Verantwortung verantwortlich zu stellen.

Die Natur ist unser Wohnzimmer

Unsere Mitarbeiter und Mitmenschen tragen zum Erfolg und zu einer besseren Welt bei, wenn Sie bewusst die Zuständigkeiten verteilen und verantwortlich die Verantwortung für Misserfolge innerhalb der Strukturen tragen.

Außerdem ist mir wichtig, Ihnen aufzuzeigen, dass die Veränderung und auch die Verantwortung bei *Ihnen* beginnt. Passt all das zusammen, tragen Sie zum Wohlergehen aller Menschen, Tiere und Ökosysteme bei. Es geht Sie nun einmal etwas an, auch wenn Sie glauben, dass durch Sie allein ja nicht gleich alles ins Ungleichgewicht gerät. Das mag sein, aber so glauben und denken sehr viele Menschen - und schon ist die Katastrophe vorprogrammiert. In einem Unternehmen läuft es nicht anders, sobald einer im Team oder in der Gruppe aus der Reihe tanzt, kollabiert es früher oder später im System, wenn nicht eingeschritten wird. Metaphorisch gesprochen: Sollte jemand im Unternehmen Müll abwerfen, also Unruhe hineinbringen, dann ist das

System in Gefahr und somit im Ungleichgewicht. Sie sehen also, was ein einzelner Mensch in einem System anrichten kann - und so ist es auch außerhalb dieser Systeme. Schauen Sie daher bitte genauer hin und übernehmen Sie die Verantwortung für Ihr bisheriges Tun, Ihr Sein, Ihr Verhalten und Ihre Reaktionen. Nicht mehr und nicht weniger.

Denn nur dadurch bleiben Sie in Ihrer eigenen Kraft, verfallen nicht in eine Starre und werden dadurch nicht handlungsunfähig. Wichtig ist, dass Sie die Verantwortung für Ihre Zuständigkeiten übernehmen.

Unsere Gesellschaft, unsere Familien und unsere Unternehmen benötigen wieder mehr Menschen mit Rückgrat. Es ist essenziell für das Fundament und von extremer Bedeutung, genau das anzuerkennen. Die Welt braucht keine rückgratlosen Menschen, sie braucht Menschen die sich für die Menschen, für Werte, für Ziele anderer und für die Natur sowie unser Ökosystem einsetzen. Verantwortung übernehmen heißt, genau ab jetzt aufzuräumen, einiges klarzustellen, einiges zu erkennen, mit der sinnlosen Ausbeuterei aufzuhören und vor allem damit aufzuhören, sich einzureden, dass es Sie nichts anginge.

Verantwortung beginnt da, wo Sie sich selbst bücken, um ein Stück Plastik aufzuheben, wo Sie selbst das Ruder in die Hand nehmen, obwohl Sie der Chef oder der Vater sind, und wo

Sie ein Auge, ein Gefühl dafür bekommen, was genau jetzt notwendig ist und sein könnte.

Empfangen Sie die kommende Veränderung mit offenen Armen, um dadurch die Veränderung zu *sein*. Parallel dazu übernehmen Sie automatisch die Zuständigkeit für alles, was auf Sie zukommt.

In meinem Leben habe ich erkannt, was ich tun muss, um der Welt, meinem Umfeld und mir zu dienen. Es ist meine Pflicht, verantwortungsvoll mit allem umzugehen.

Beispielsweise kann ich nicht erwarten, dass Menschen sich für mich, meine Videos, Beiträge interessieren, wenn ich mich nicht für sie interessiere. Also echtes Interesse am Menschen zeige und nicht nur, weil ich glaube, ein Geschäft oder irgendein Vorteil/Profit zu wittern.

Weit hergeholt sagen Sie?

Nein keineswegs, es ist Verantwortung, Energie, die eine große Rolle spielt und nicht zu unterschätzen ist. Denken Sie daran wann immer es geht.

*Es ist Ihre
Pflicht verant-
wortungsvoll mit
allem und jedem
umzugehen*

Kapitel 5

Veränderung und Verantwortung beleuchten wir an dieser Stelle etwas genauer

Wir, jeder einzelne Mensch, kann für etwas zuständig sein, damit Veränderung geschehen kann - und jeder ist folglich verantwortlich für das Ergebnis. Wer Verantwortung übernimmt für das, was in der Vergangenheit passiert war, der nimmt die Thematik an. Verantwortung zu übernehmen kann gleichzeitig ein wunderbares Geschenk sein. Es ist nicht möglich, in die Auflösung zu gehen, ohne Verantwortung zu übernehmen. Verantwortung im Sinne von Annehmen, Verantwortung im Sinne von Hinschauen, Verantwortung im Sinne von: „Ja es ist meins, auch wenn es sich für den einen oder anderen eventuell etwas esoterisch angehaucht anhört, basieren genau diese Vorgehensweisen auf einem komplett natürlichen Prozess".

Ohne etwas anzunehmen, anzuschauen, ohne etwas zu zerlegen, herauszufinden, woran etwas gelegen hatte, ohne in der Frage gewesen zu sein, ohne die Analyse der Verantwortungsbereiche aus der Vergangenheit, ist es nicht möglich, sich ein neues Fundament zu erschaffen.

Außerdem verbaut es die Chance, Möglichkeiten wahrzunehmen, die dafür sorgen, ab jetzt in die Zuständigkeit zu kommen - und wenn Vergangenes auftauchen sollte, mit der Vergangenheit umzugehen.

Wichtig ist daher, ehrlich zu sich selbst zu sein, der Vergangenheit mit Respekt entgegen zu gehen, ihr mit Würde die Hand zu reichen und auch in Würde anzunehmen und anzuerkennen, dass alles, was in der Vergangenheit passiert war, Vergangenheit ist.

Allein dieser Prozess gehört zum Annehmen dazu, und egal ob es im Business ist oder in einer Beziehung - Vergangenheit, wenn auf ihr herumgetrampelt wird, ist eine Belastung für sämtliche Bereiche ... - und *das* muss Ihnen klar sein.

Übernehmen Sie Verantwortung, indem Sie Entschuldigung sagen. Ent-schuldigen Sie sich für die Situationen, in denen Sie hätten, eigentlich da sein sollen, ehrlich sein sollen und verantwortlich Verantwortung übernehmen sollen. Und auch gegenüber einer oder mehreren Personen, falls das der Fall war. Das meine ich mit „der Vergangenheit mit Respekt und Aufrichtigkeit begegnen". Und nicht nur der Vergangenheit wegen, sondern auch sich selbst Gegenüber und allen Beteiligten in Ihrem Leben. Das Annehmen was war, um es dann im JETZT gut zu machen.

*Der **Vergan-
genheit**, auch im
Business, mit
Würde und*

***Respekt** begeg-
nen*

Kapitel 6

Wahrhaftigkeit aufblühen lassen

Liebe Leser/innen,

jetzt haben Sie vieles über Verantwortung, Zuständigkeiten und Vergangenheit gelesen und haben einiges verinnerlichen können. Sollten Sie noch nicht so weit sein, entspannen Sie sich und lesen Sie sich das eine oder andere Kapitel nochmal durch. Der nächste Schritt wäre jetzt und in Zukunft, in die eigene Kraft zu kommen. Ein sehr wichtiger Schritt. Erstmal ist es jedoch wichtig, die eigene Wahrhaftigkeit aufblühen zu lassen.

Vorerst fangen Sie damit an, Verantwortung ab jetzt umzuformulieren, also umzubenennen. Aus „Verantwortung" wird „Gewissenhaftigkeit" oder „Ich habe ein (Pflicht-) Bewusstsein für die Dinge und für die Menschen" oder ein „Ich bin zuständig für dies und jenes, was kommt". Sollten Sie sich dabei ertappen, wie Sie wieder von Verantwortung sprechen und es sich nach Schuld anfühlt, dann gehen Sie in die Energie des Pflichtbewusstseins.

Wichtig ist, dass Sie es nicht schönreden, sondern, dass Sie bewusst die Worte wählen und dementsprechend die Energie, ihre Sicht darauf verändern.

Folgende Übung...

sollten Sie direkt durchführen, um sich der Verantwortung und Wahrhaftigkeit zu stellen.

1. Notieren Sie sich, ganz allein für sich, alles aus ihrer derzeitigen Situation wo Sie unverantwortlich gehandelt haben oder immer noch tun.
2. Wo Leben Sie eine oder mehrere Lügen?

Nehmen Sie sich etwas Zeit dafür und seien Sie wirklich ehrlich zu sich selbst. Sie müssen es ja niemanden erzählen. Sie sollten es aufdecken, für sich selbst ans Tageslicht bringen, mehr nicht. Alles andere kommt. In meinem Seminar zu diesem Buch gehen wir noch tiefer darauf ein und durchleuchten alles, was sie daran hindert Ihre Wahrhaftigkeit zu leben. Machen Sie daher diese Übung und stellen Sie fest, dass es Ihnen gut tun wird.

Legen Sie dieses Buch kurz weg und nehmen sich einen Stift zur Hand und ein Stück Papier.

Haben Sie Mut, ich bin weiter bei Ihnen.

Was meine ich mit Wahrhaftigkeit?

Wenn Sie aus der Bewusstlosigkeit heraus verantwortlich Verantwortung übernehmen wollen, dann müssen Sie damit anfangen, ehrlich zu sich und Ihren Mitmenschen zu sein.

Nicht, dass Sie nie ehrlich gewesen wären oder dass Sie mit Absicht unehrlich sind, das meine ich nicht.

Ich meine die Lüge, die Sie leben - die meine ich.

Wissen Sie, welche Lüge ich meine?

Denken Sie kurz nach, gehen Sie in sich.

Nur Sie allein wissen, was gerade in Ihnen hochkommt, welche Lügen Sie plagen und was Ihnen Ihr Leben momentan schwer macht. Dabei geht es nicht nur um offensichtliche Lügen, sondern eher um Lügen, die sehr subtil sind und oftmals einen Mantel tragen.

Was meine ich damit?

Ich meine, dieser Mantel sorgt dafür, dass Lügen als Wahrheiten angenommen werden und Wahrheiten als Lüge betitelt werden. Wir erleben es alle tagtäglich, der eine mehr, der andere weniger. Ob es in der Politik ist, in der Familie, im Umfeld, in der Firma oder wenn es einfach nur um sich selbst geht. Diesen Mantel gilt es abzulegen. Diese Verschleierung gilt es zu ent-schleiern.

Im Grunde geht es um die Lüge, die Ihr falsches Ich widerspiegelt. Sie geben vor, jemand zu sein, der Sie nicht sind oder anders ausgedrückt: Sie glaubten bisher, derjenige zu sein, der Sie zu sein schienen.

Überprüfen Sie es!

Wichtig ist, dass Sie alles hier überprüfen. Es ist nichts Dogmatisches, sondern lediglich eine Möglichkeit der Überprüfung für Sie.

Lange Zeit lebte ich eine Identität, der ich nie gerecht werden konnte, weil sie nicht meine war. Das Interessante und Fatale an dieser Identitätsverschleppung war, dass ich glaubte, sie wäre meine. Nun gut, mag sein, dass sie zu diesem Zeitpunkt meine war und sie mich unterstützt hat, dennoch wurde es Zeit, meine Identitätsanteile anzuschauen, um herauszufinden, wer ich wirklich bin.

Es hat lange gedauert, es war ein langer Prozess. Ja, hier können wir wirklich von Prozess reden, weil ich dadurch viele Anteile aufgegeben habe - im wahrsten Sinne des Wortes. Dadurch sind neue hinzugekommen. Alte Anteile gingen und neue kamen. Das dauert, das ist keine Ent-wicklung von heute auf morgen.

Was wir dennoch spüren können, ist ab sofort die Energie, das Vertrauen, die Wahrhaftigkeit, die wir jetzt leben wollen. Und darauf kommt es an. Die Entscheidung, sich selbst zu entschleiern, den Lügenmantel abzulegen und sich voll und ganz auf die Wahrheit zu konzentrieren, damit die Lüge an Kraft und Energie verliert.

Sie leben nicht die Wahrheit, weil Sie glauben, sondern weil Sie wissen, wer Sie wirklich sind.

Das können Sie, und zwar sehr gut. Und davor haben Sie Angst. Gewaltige Angst. Und so geht es vielen Menschen. Sie haben Angst vor ihren Eltern, vor ihren Nachbarn, vor anderen Menschen, vor Menschen, die etwas nicht verstehen, was Sie tun, usw.

Dazu kommen noch Ängste, oft auch unbewusster Natur, wie beispielsweise die Angst vor den Konsequenzen, vor den Ergebnissen, vor der Wahrheit, - und oft auch Angst vor sich selbst, vor der eigenen Größe. Das Fatale daran ist ja, viele Menschen wissen um die Angst und leben dennoch ein falsches Leben weiter. Kennen Sie Menschen, die einiges zum

Schein machen, nur um nach außen hin zu glänzen?

Ich hatte viele kennengelernt. Nach außen hin ein wundervolles Beispiel und innen zerrüttet oder steif und starr.

Wie steht es um Sie?

Erkennen Sie etwas?

Denken Sie daran, früher oder später werden Sie sich mit der Wahrheit und der Lüge auseinandersetzen müssen.

Es geht darum, alles aufzudecken, anzusprechen, was zur Wahrheit führen kann. Sagen Sie was Sie denken, auch wenn Sie Gefahr laufen anzuecken, egal - tun Sie es.

Danach spüren Sie eine Art Befreiung.

Sie haben daher zwei Möglichkeiten:

Entweder entscheiden Sie sich bewusst für die Wahrheit, für Ihr wirkliches Ich, also für all das, was Sie bereichern wird, was Sie weiterbringen wird, was Sie erkennen lassen wird, wer Sie wirklich sind. Oder Sie lassen es auf sich zukommen, was ich Ihnen nicht empfehlen würde. Dies würde bedeuten, Sie stehen plötzlich vor einem großen Thema, das Sie all die Jahre gut versteckt und verschleiert haben. Sie haben alle Energie darauf verwendet, dieses Bild stimmig zu halten, also nach außen hin aufrecht zu erhalten. Sie würden weiterhin jemand sein, der Sie nicht sind und vielleicht nicht sein wollen. Es schmerzt und bereitet Kummer und es läuft schwerer, zäher und Ihr Selbstbewusstsein ist auch nicht gerade in Bestform, falls Sie es nicht ändern.

Denken Sie genau über diese zwei Möglichkeiten nach. Das ist wesentlich für Ihre Zukunft, für Ihr eigenes Wohlbefinden und für Ihre Partnerschaft, in welcher Konstellation auch immer.

Ich weiß, das ist hart, - aber dafür ehrlich, und es wird leichter, wenn Sie es erkennen, beobachten, anerkennen und umwandeln.

*Am Ende des Buches finden Sie einen Link, der Sie eine Datei herunterladen lässt. Mit dieser können Sie arbeiten, sich mit all den Fragen beschäftigen und sie immer wieder bearbeiten, bis die Schwere energielos ist, bis sich Ihre Lügen in Luft auflösen und Sie im neuen Glanze erblühen. *

Fragen Sie sich doch mal kurz, wer Sie sind?!

Nur ganz kurz.

Schließen Sie die Augen und fragen Sie sich, wer Sie gerade sind - jetzt in diesem Moment?

Wie fühlen Sie sich dabei?

Ist es echt?

Ist es komisch?

Glauben Sie sich?

Müssen Sie lachen, weil Sie wissen, dass Sie teilweise ein falsches Leben lebten?

Ertappen Sie sich dabei, sich selbst zu belügen? Erkennen Sie, dass Sie sich belogen haben - und zwar all die Jahre?

Bin ich wahrhaftig?

Habe ich alle Unklarheiten beseitigt?

Übernehme ich verantwortlich Verantwortung für das, was mir wiederfahren ist - für alles, was mit mir zu tun hat?

Warum ich das so direkt anspreche?

Nichts ist so klar wie die Wahrheit.

Fangen Sie an, sich selbst neu zu entdecken,

neu zu erschaffen. Werden Sie Ihr eigener Lügendetektor und begeben Sie sich auf die Suche nach den größten Lügen in Ihnen.

Sie fragen sich, wie?

Dann lade ich Sie ein weiterzulesen und nicht abzubrechen. Es sei denn, es wird Ihnen zu viel und Sie wollen sich nicht mit der Wahrheit auseinandersetzen ...

Überlegen Sie kurz!

Es ist mir wichtig, dass Sie durch dieses Buch zu sich selbst finden und für sich erkennen, dass Sie verantwortlich Verantwortung übernehmen und sich zuständig fühlen für alles, was kommt.

Können Sie das nachvollziehen?

Haben Sie den Mut, es lohnt sich!

Hier noch ein paar Fragen, die ich Ihnen gerne stellen mag:

Wie geht es Ihnen?

Atmen Sie kurz tief ein und halten Sie inne. Holen Sie sich etwas zu trinken und lesen Sie dann erst weiter.

Fühlen Sie sich wohl, mit all den Identitäten, die bisher scheinbar die Ihren waren?

Oder verkrampfen Sie sich bei dem Gedanken komplett, wenn Sie nur daran denken, dass Sie sich versteckt hatten?

Nun, ich möchte Sie nicht weiter foltern mit all den Gedanken und dem Vergangenen und der Vorstellung, dass Sie nicht Sie waren. Dennoch ist es wichtig hinzuschauen, um dann die nächsten Schritte gehen zu können.

Sind Sie bereit?

Jetzt ist es bestimmt interessant zu erfahren, welche die nächsten Schritte sind, und was Sie tun können, oder?

Zuvor möchte ich aber noch ein paar Worte zum Thema Wahrhaftigkeit schreiben und Ihnen etwas Wichtiges mitteilen.

Startklar?

Gut!

Wahrhaftigkeit ist nur wahrhaftig, wenn Sie sie auch wirklich erkennen und leben. Sie ist nicht nur ein Wert und nicht nur eine Gabe, sondern Sie ist alles. Wahrhaftigkeit ermöglicht es, sich zu entfalten, seine Potentiale zu leben, seine Fähigkeiten auszuarbeiten, seinen Gedanken freien Lauf zu lassen, sein eigenes Leben und sein Umfeld zu verändern. Wahrhaftigkeit entfacht aus Ihnen heraus ein Feuer, das bisher unentdeckt in Ihnen brodelte.

Es war das gewisse Etwas in Ihnen, das Sie jetzt durch Ihre lebhafte Wahrhaftigkeit freilassen können.

Die Wahrheit schadet nicht, sondern setzt frei.

Es wurde uns nur beigebracht, scheinbare Wahrheiten zu verbreiten, die einen Lügenmantel trugen. Jetzt gilt es, diesen Mantel abzuwerfen. Es wird Zeit, sich einige Anteile in sich anzuschauen, um herauszufinden, was Sie tun können, um all Ihre Träume und Ziele zu erfüllen und vor allem, Ihnen einen oder mehrere Schritte entgegen zu kommen.

Sie sollten verstehen, dass die Wahrheit sich nur entfalten kann, wenn Sie hinschauen, wenn Sie bereit sind, die Konsequenzen zu tragen, wenn Sie bereit sind, durch die Ängste, durch die Traurigkeiten zu gehen und wenn Sie es schaffen, in jeder Situation in die Annahme und in die Lösung zu gehen.

Wahrheit ist etwas sehr Kraftvolles, und sie ermöglicht es Ihnen, zu atmen.

Wenn Sie bisher Schwere spürten, wenn Sie diese Zeilen lasen, dann gehen Sie kurz in sich und überprüfen folgende Sätze (nochmal):

Bin ich wahrhaftig und echt?

Lebe ich mein Leben oder das eines anderen?

Übernehme ich vollständig die Verantwortung für alles, was war und woran ich beteiligt war?

Bin ich bereit weiterzugehen oder mache ich lieber weiter wie bisher?

Gehen Sie, wenn notwendig, auch nochmal ein paar Seiten zurück, vielleicht hilft es Ihnen. Es macht auch wirklich Sinn, sich mit bestimmten Dingen immer wieder auseinanderzusetzen.

Ich sitze jetzt nicht neben Ihnen und könnte eh nicht überprüfen, ob Sie ehrlich sind.

Mir ist an dieser Stelle nur wichtig, Ihnen mitzuteilen, dass Sie sich selbst keinen Gefallen tun, wenn Sie diese Fragen nicht ehrlich beantworten.

Selbstverständlich könnten Sie sagen: „Tzzzz, ich bin doch wahrhaftig und betrüge mich nicht selbst!"

Ja, das könnten Sie, und das stünde Ihnen auch zu, wenn dem so wäre.

Ist es wirklich so?

Oder fühlen Sie sich gerade tatsächlich etwas ertappt und steuern gerade nur gegen, weil Sie Angst haben, wovor auch immer?

Ist, genau hier, die Energie und der Ballast am stärksten?

Ja?

Dann sollten Sie jetzt nicht aufhören, sondern richtig hineingehen, mir weiterhin folgen und sich mit dieser Thematik wirklich intensiv beschäftigen.

Dadurch geben Sie sich die Möglichkeit, neu aufzublühen. Im nächsten Kapitel geht es ums Aufblühen, und darum, noch einen weiteren Schritt in Richtung eigene Kraft zu kommen.

Hier ist genau der Punkt, an dem es anfängt, sich neu zu ordnen und eventuell auch zu verflüchtigen, wenn Sie weitergehen. Ich hatte es ja eingangs erwähnt: Wenn Sie mitmachen und sich darauf einlassen, kann es angenehmer werden.

Ich habe gelernt,
wenn die Angst
sehr präsent ist,
dann ist das mein
Weg, dann ist
dies der Punkt,
an dem ich nicht
zurück gehen
darf, sondern hin-
durch gehen
muss.

Kapitel 7

Schütteln Sie den Ballast ab, um aufzublühen

Ja, all die Schwere sammelt sich bei Ihnen an. Sie spüren Unmut, Angst und fühlen sich allein.

Ich kann Sie beruhigen, dass normal und menschlich. Sie sind keine Maschine.

Sie sind ein Mensch mit Emotionen, mit Erlebnissen und vielen Geschichten.

Seien Sie stolz darauf, dass Sie es so weit geschafft haben und noch leben, dass Sie jetzt dieses Buch in Händen halten und sich die Möglichkeit einräumen, sich zu verändern, sich zu entfalten und neu aufzublühen.

Das kann nicht jeder von sich behaupten.

Das Leben ist zu schön, um es mit Lügen zu verschwenden. Werden Sie sich dessen bewusst!

Jetzt haben Sie durch die Erkenntnis aus den obigen Fragen die Möglichkeit, neu zu erblühen.

Ab jetzt kann es leichter werden, wenn Sie oben fleißig waren und Sie sich wirklich mit all den Fragen beschäftigt haben.

Schwere zeigt Ihnen etwas auf und zwingt Sie hinzuschauen, näher hinzuschauen. Und gerade mit dieser Energie aus der Schwere können Sie jetzt vorwärts gehen, neue Wahlen treffen und aufblühen. Spüren Sie die Schwere und gehen mit einem klaren Bewusstsein an die Schwere heran. Sie werden sehen, allein durch das Erkennen wird sich hier einiges öffnen ...

Hier noch eine kurze Folge, wie Sie am besten an die Lüge, bzw. an das Erkennen von Lügen und unverantwortlicher Verantwortung herangehen.

- Fragen stellen
- aufspüren
- erkennen
- beobachten
- bearbeiten
- anerkennen
- loslassen
- aufblühen

*Am Ende des Buches finden Sie einen Link, der Sie eine Datei herunterladen lässt. Mit dieser können Sie arbeiten, sich mit all den Fragen beschäftigen und sie immer wieder bearbeiten, bis die Schwere energielos ist, bis sich Ihre Lügen in Luft auflösen und Sie im neuen Glanze erblühen. *

Nun haben wir uns intensiv mit der Wahrhaftigkeit, der Lüge und der unverantwortlichen Verantwortung beschäftigt und waren dabei herauszufinden, wie wir sie entschleiern können, um in die eigene Kraft zu kommen und unser eigenes, ganz persönliches Leben zu leben.

Es sei noch gesagt, dass es nicht darum geht, komplett frei von allem zu sein. Manches dauert, manches ist wirklich noch tief in uns und ploppt erst auf, wenn einiges zuvor angesehen wurde. Wichtig ist hier zu erwähnen, dass Sie dadurch, dass Sie bereit waren, einen Raum geöffnet haben, der es Ihnen ermöglicht, all diese Wahrhaftigkeit zu spüren, diese Leichtigkeit wahrzunehmen und sich auf das Neue vorzubereiten.

Was wir alle wollen, ist Frie-den. **Frieden mit uns und mit un-seren Mit-menschen.** *Nicht mehr und nicht weniger. Wie können wir ihn herbeirufen? In-dem wir den* **Frieden in uns leben.**

Bonus Kapitel

JETZT - In die eigene Kraft kommen

Machen Sie sich klar, wie einzigartig und wie wunderbar Sie sind. Nichts an Ihnen ist falsch, wenn Sie es erkennen. Falsch wäre nur, wenn Sie eine Lüge wissentlich leben würden, wenn Sie unverantwortlich Verantwortung übernehmen Sie sich für bestimmte Bereiche, die Sie betreffen, nicht zuständig fühlen würden.

Machen Sie sich auch klar, dass wir alle Masken tragen. Für jede Situation und für jeden Anteil in uns, haben wir Masken.

Lassen Sie uns einmal zusammen in ihre Familienkonstellation schauen oder in Ihre Firma, in der Sie als Mitarbeiter tätig sind   oder als Führungskraft.

Setzen Sie da Masken auf und wenn ja, welche?

Ich lade Sie ein, hier wirklich hinzuschauen und herauszufinden, wie Sie in ihre eigene Kraft kommen können.

Ich werde Ihnen hier gleich aufzeigen, wie es sein könnte, wie Sie es für sich umsetzen und wie Sie tatsächlich dauerhaft in Ihre eigene Kraft kommen können.

In die eigene Kraft zu kommen ist ein wichtiges Element in der Persönlichkeitsentwicklung. Es hat etwas mit Eigenermächtigung und Eigenverantwortung zu tun. Wichtig ist hierbei das Bewusstsein, das ich an den Tag lege.

Zum einen kommen Sie in einigen Bereichen bereits in Ihre eigene Kraft, wenn Sie dafür Sorge tragen, sich um die vorigen Fragen und Anregungen zu kümmern und sich mit dem Arbeitsmaterial beschäftigt haben, das ich am Ende des Buches angefügt habe und das via Link heruntergeladen werden kann.

Zum anderen lade ich Sie ein, nicht so hart zu sich selbst zu sein. Gehen Sie liebevoll mit sich um und verurteilen Sie sich nicht. Auf vieles haben wir nicht immer Einfluss, weil vieles aus der Kindheit sich wie ein roter Faden durchs Leben zieht. Das soll für viele andere Bereiche keine allgemeingültige Entschuldigung sein, denn auch das wäre Selbstbetrug und ein weiteres Leben (s)einer Lüge. Wollen Sie das?

Ich denke mittlerweile nicht mehr. Oder?

Gestehen Sie sich ein, dass Sie Fehler gemacht haben, dass Sie unverantwortlich gehandelt haben und Sie sich in einigen Situationen nicht zuständig gefühlt haben.

Danach entsteht das Gefühl von Freiheit, von Eigenermächtigung und Eigenverantwortung.

Warum?

Weil es Sie befreien wird. Das Benennen ohne Verschleierung befreit. Alles andere ist ein Herumtänzeln um das Problem, um die Situation herum - und das führt oft zu nicht wirklich großartigen Ergebnissen.

Wer verant-
wortlich Verant-
wortung trägt,

wirft damit eine

enorme Last
von sich ab!

Das Ende naht

Nun nähern wir uns dem Ende, und ich möchte Ihnen noch ein paar Worte schreiben, die mir am Herzen liegen.

Sie haben gesehen, was Verantwortung anrichten bzw. sein kann und wie sie auf Sie wirkt - unabhängig davon, ob verantwortlich oder unverantwortlich.

Es geht darum, mit dem Herzen und aus dem Herzen heraus sein Business oder seine Familie zu führen bzw. zu tragen, und zwar ganz *bewusst*.

Sie haben gelernt, durch andere Gedankengänge, durch Gedanken, die vielleicht bei dem einen oder anderen Absatz befremdlich auf Sie wirkten - und Sie lernten sie zuzulassen.

Seien Sie dankbar für all das, was passiert, für all die Erkenntnisse, die aufploppen und für dieses Buch.

Ich danke Ihnen sehr, für Ihre wertvolle Zeit und für Ihre Geduld.

Ab jetzt sind Sie wieder ein wenig mehr auf sich allein gestellt und Sie dürfen mit diesem anderen Wissen Ihre eigenen Erfahrungen machen.

Einen Impuls habe ich noch für Sie:

Winken Sie nach diesem Buch nicht gleich ab und verbuchen es als erledigt. Falls Sie noch etwas Widerstand verspüren, bleiben Sie dran und gehen Sie nochmal langsam die Liste durch, die im Anhang zu finden ist. Finden Sie heraus, was genau Ihnen noch Bauchschmerzen macht. Sollten Sie keine Bauchschmerzen haben, so können Sie sich glücklich schätzen. Dann haben Sie dieses Werk gut verdaut und sind bereit, ab sofort mit der Verantwortung verantwortlich umzugehen.

Ich hoffe, dass Sie etwas mitnehmen aus diesem kleinen Taschenbuch und ich freue mich, wenn Sie bereit sind, künftig verantwortlich Verantwortung für Ihre Mitmenschen, Ihre Umwelt und unser Ökosystem zu übernehmen, vor allem aber für sich selbst.

Sie sind der wichtigste Mensch, das wichtigste Glied in der Kette. Seien Sie ein Teil des Ganzen. Sie sind nicht allein.

Ich wünsche Ihnen alles Gute und bedanke mich aufrichtig für Ihr Interesse, für Ihr Sein und für Ihr Mitmachen. Ohne Ihr Mitwirken beim Lesen hätte es nur die halbe Wirkung.

Lassen Sie sich nicht unterkriegen und schauen Sie immer nach vorn.

MIT MUT FÄNGT ALLES AN!

Ihr Stefan Groll, MutBotschafter

Zur Danksagung und weiteren Informationen

Danksagung

Ich danke all meinen Lebensgefährten, die mich bisher auf meinem Weg begleitet haben.

Ich danke meinen Eltern, die mir trotz einiger schwieriger Umstände in der Vergangenheit einiges aufzeigten, wenn auch eher unbewusst. Ohne Sie würde ich nicht der Mensch sein können, der ich jetzt bin, und ohne sie wäre auch dieses Werk nicht entstanden.

Danke!

Ich danke meinem Engelchen Jasmin für alles. Ohne sie wäre so einiges nicht möglich gewesen. Die letzten Jahre prägten uns sehr und schweißten uns auch zusammen.

Durch sie fand ich zur Spiritualität, zu mir selbst, zu meinen Stärken und zu meinen Schwächen. Sie war wie ein Seismograf und sprach die Dinge immer direkt an.

Jasmin, danke für deine Ehrlichkeit! Deine Ehrlichkeit bewegte mich dazu, es dir gleich zu tun. Ich liebe dich!

Danke!

Ich danke meiner Tochter, auf die ich sehr stolz bin. Auch sie trägt enorm viel bei und zeigte mir immer wieder, worauf es ankommt. Ich liebe dich. Danke!

Danke auch an meine Familie, die jetzt für mich da ist. Ich hab' euch lieb und danke euch von Herzen.

Und zu guter Letzt danke ich den Mentoren, Coaches, Kollegen, Unternehmern, spirituellen Lehrern und Philosophen, die mich all die Jahre begleitet haben. Durch sie besitze ich heute die Fähigkeit, wahrhaftig zu schreiben, überhaupt zu schreiben und ein Unternehmer zu sein. Es war nicht immer leicht. Umso mehr freut es mich, dass wir es gemeinsam geschafft haben.

Danke, auch an alle Menschen mit denen nur bedingt eine Beziehung möglich war.

Danke an alle Mitwirkenden an diesem Buch. Ohne euch wäre das in dieser Qualität nicht möglich gewesen. Danke!

Eine Bitte habe ich noch,

Bitte hinterlassen Sie auf Amazon oder wo auch immer Sie dieses Buch gekauft haben, eine Rezension und schreiben Sie bitte ehrlich und konstruktiv, was Ihnen gefallen und auch nicht gefallen hat, und vielleicht auch ein bisschen zu Ihrer Geschichte. Mich würde interessieren, wie Sie bisher Verantwortung empfunden haben und wie Sie damit umgegangen sind.

Wir lernen alle durch konstruktive Beiträge und Wahrhaftigkeiten. Ohne diese „kritischen" Anteile wäre so einiges nicht möglich.

Fangen Sie direkt an, Wertschätzung und Konstruktivität verantwortlich einzusetzen. Das Leben und ich werden es Ihnen danken.

Bitte denken Sie an die Wertschätzung Ihres Beitrages. So wie Sie wollen, dass mit Ihnen umgegangen wird, so tun Sie dies ebenso. Das hat auch etwas mit Verantwortung zu tun. Wenn Sie nicht wertschätzend sein können, überlegen Sie, an welchem Punkt Sie noch nicht verantwortlich die Verantwortung übernommen haben. Ich danke Ihnen von Herzen.

Anhang

Wenn Sie vorhaben, mich und meine Arbeit näher kennenzulernen, um daran noch intensiver zu partizipieren, lade ich Sie herzlich dazu ein, mich anzusprechen, je nachdem, was Ihnen zusagt. Auf meiner Homepage finden Sie im deutschsprachigen Raum die komplette Übersicht, um auf dem Laufenden zu sein.

www.unternehmen-mut.de

- **Online- Community zum Buch**

Hier haben Sie die Möglichkeit sich nach dem lesen des Buches begleiten zu lassen. Entweder in Form eines Coachings oder Sie treten der Buch Community bei und sprechen mit Gleichgesinnten über die Thematik, über ihre Projekte und über sich. Darüber hinaus bekommen Sie durch mich jede Menge Input, um das Thema Mut & Verantwortung zu vertiefen. Also eine Community die mehr ist als nur eine Ansammlung. Für **einmalig 29,90€** und als monatliche Mitgleidschaft in der Community **für nur 2,99€**, also soviel wie ein Cappuccino kostet haben Sie genug Zeit um sich das Buch und dessen Inhalt intensiv zu Gemüte zu ziehen.

Hier geht es zur Community:

https://www.unternehmen-mut.de/mein-buch/buch-community/

- **Vorträge**

Mut in ihrem Unternehmen, in ihrer Familie in Schulen und überall wo es Mut bedarf halte ich Vorträge und ermutige Menschen. Sprechen Sie mich an.

info@unternehmen-mut.de

- **Das Coaching**

Unter „Coaching" können Sie sich vorstellen, dass ich Sie persönlich über einen Zeitraum begleite. Hier bekommen Sie durch mich Unterstützung und all das, was eben für Sie gerade wichtig ist. Hier arbeiten wir intensiv zusammen und gehen nach diesem Buch den nächsten Schritt. Schreiben Sie mich direkt an und vereinbaren Sie direkt ein kostenloses vorab Gespräch.

- **PDF's zum aktiven Mitmachen**

Dieser Anhang dient Ihnen zur Begleitung beim Lesen des Buches. Bitte auf der Seite

www.unternehmen-mut.de/mein-buch/

herunterladen und ausdrucken. Danke!

Schreiben Sie mich persönlich an:

info@unternehmen-mut.de

Sie finden mich auch auf:

Instagram: @sogehtmut_stefan_groll

Facebook: @Unternehmenmut

LinkedIn: Stefan Groll – Unternehmenmut

Abonnieren Sie auch gerne meinen Mut Newsletter auf meiner Webseite.

FSC
www.fsc.org

MIX

Papier | Fördert
gute Waldnutzung

FSC® C083411

Zeitfracht Medien GmbH
Ferdinand-Jühlke-Straße 7
99095 Erfurt, Deutschland
produktsicherheit@kolibri360.de